Flocons de neige sur gazon vert

Shi Tao Zhang

BookLeaf Publishing

India | USA | UK

Presentation by *BookLeaf Publishing*

Web: www.bookleafpub.com

E-mail: info@bookleafpub.com

ISBN: 9789357446747

First edition 2022

DEDICATION

À Mulan & Octavia, je vous aimerai toujours.

ACKNOWLEDGEMENT

Merci à mes parents qui ont tout fait pour que je puisse être libre et heureuse.

Prélude

Toute ma vie, je t'ai aimé
Tu m'as enfermée dans une cage dorée
Tu m'as marquée, tu m'as brisée
Pourtant, je ne pouvais pas te détester

Une main qui nourrit, l'autre qui châtie
Un monstre tout puissant assoiffé de sang
Cruauté gratuite, à bout portant
Pas la peine de résister, alors je subis

Âme fissurée, impossible à réparer
Innocence d'une enfant qui s'est envolée
Blessures, meurtrissures, mensonges fleuris
Pas le droit de pleurer, alors je souris

Illusions de bonheur, rêves de s'enfuir
Utopie d'un monde sans besoin d'obéir
Suffoquée, opprimée, incapable de respirer
Douleur trop immense pour être articulée

Armure de verre, masque de porcelaine
Il faut jouer le jeu pour s'en sortir indemne
Affecter ma loyauté pour survivre à cet enfer
Mascarade raffinée ou étais-je sincère?

Désespoir, sans espoir, besoin d'une
échappatoire
Le vide? Vu d'en haut, une victoire
Slogans de propagande, histoires de gloire
Impuissante, je sombre dans les ténèbres du noir

Six printemps déjà, six de trop pour moi
Décisions imposées et jamais de choix
Une mer de détresse et je peine à flotter
Me débattre ou me résigner à me noyer?

Lueur d'espoir dans le noir, étoile dans le
néant...

Une bouée de sauvetage apparaît à l'horizon et
j'ai tellement prié pour ce jour-là et j'ai
tellement attendu que je n'y crois plus vraiment.
Je m'agrippe de toutes mes forces même si je
sais nager parce que je sais que je risque de
couler d'une minute à l'autre. Je veux regarder
derrière moi mais j'ai trop peur de me réveiller
et de constater que tout ceci a été un rêve alors je
garde mes yeux fermés et espère tout oublier
jusqu'à la fin des temps.

Et d'une certaine manière, j'ai réussi à oublier.
Mais pas pour toujours.

Damnation

Lame argentée à la lumière blanche
Glisse sur ma peau, hésite et tranche
Douleur brûlante, coulent les gouttes de sang
Viennent expier mes péchés d'enfant

Fragilité de mon âme fracturée
Larmes qui surgissent sans être sollicitées
Idées sombres qui traversent mon esprit
Brillent à la lueur de mes yeux rougis

Tourbillon frénétique d'une violence inouïe
M'engouffre, sans défense, sans merci
Bribes de souvenirs brouillés par le déni
Reviennent, cristallines, hanter mes nuits

Clarté, calamité de ma réalité auparavant voilée
S'abattent cruellement sur mes épaules courbées
Fardeau trop lourd à porter, impossible à alléger
Haine et peine se mélangent dans mes veines
souillées

Ton ombre me suit et me couvre de sa noirceur
aveuglante
Cruauté sans limite agrandit et approfondit ma
plaie sanglante

Chaque seconde, un rappel qui me mènera vers
ma perte
Tu verses du sel sur ma blessure grande ouverte

Empreinte ensanglantée de ton emprise
Sur moi
Rêves troublés par des défilés d'hantises
De toi
Marques au fer rouge de tes chaînes
Sur ma peau
Dans mon cœur
Agonie et souffrance se déchaînent et
s'enchaînent

J'aimerais tellement revenir en arrière pour être
comme avant mais avant n'est pas mieux que
maintenant parce que tu m'as toujours eue sous
ton joug mais qui suis-je sans toi? Je ramasse les
morceaux de moi par terre et construis petit à
petit une personne que tu n'auras jamais touchée
mais peu importe où je vais ton spectre me suit
et me guette et je suis épuisée et je n'ai nulle
part où m'enfuir—

Je veux juste en finir avec toi.

Laisse-moi partir.

Aux roses qui ne peuvent pas fleurir en liberté

-- À Octavia, ma meilleure amie

La vie a planté nos bourgeons
Côte à côte

Nous avons grandi ensemble
Sous le soleil, sous la pluie
Nos pétales se sont ouverts en même temps

Nous avons bravé les nuits enneigées
Nous avons traversé
Les tempêtes de grêle
Le froid glacial
La chaleur étouffante
Côte à côte

Ta présence m'apaise
Familière, réconfortante
Je te connais aussi bien que moi

Et parfois
On dirait que tu es une partie de moi

Dans chacun de tes gestes
Je me reconnais aussi
Comme tu te vois en moi

Je ne crains pas tes épines
Parce qu'elles sont douces à mon toucher
Lorsque tu te penches vers moi
Pour m'effleurer
Je dépose un baiser sur ton front
Et je suis heureuse
Et nous sommes heureuses

Alors mon amour,
N'aie jamais peur que la couleur de tes pétales
Ou la forme de ta fleur
Soient repoussantes à mes yeux
Car je ne souhaite que ton bonheur

Peu importe ce que disent les autres
Tu tiens le rouge de mon cœur
Entre tes mains
C'est tout ce que je peux t'offrir
Mais je serai toujours près de toi

Sous le soleil
Sous la pluie

Malgré les tempêtes
Et les intempéries de la vie

J'attendrai pendant une éternité
Pour que tu puisses fleurir en paix
Abreuvée par les larmes que nous avons jadis
versées
Bercée par le renouveau du printemps
Car si tu es heureuse
Je suis heureuse aussi

Escapade nocturne

La nuit
Il y a des fois où je rêve que l'on me poursuit
Je cours éperdument pour m'échapper
De la menace inconnue qui me pourchasse sans
pitié
La terreur qui me serre à la gorge
Le sang qui me résonne aux tempes
J'entends mon cœur qui bat si fort que mes
oreilles ont mal
L'adrénaline dans mes veines
La vision brouillée par mes larmes
Le besoin vital de survivre
Mais il n'y a nulle part où me cacher
Donc je dois continuer à
Courir
M'enfuir
Éviter les obstacles et poursuivre
Mon chemin
Je trébuche
Je tombe
Une douleur distante me fait grimacer
Mais il faut me relever et
Courir
M'enfuir
Le feu derrière moi

La terre sous mes pieds qui peut s'ouvrir à tout
moment
Ne pas tomber
Ne pas ralentir
Je veux courir plus vite mais ma fatigue a raison
de moi
L'adrénaline tombe
La douleur me rattrape
Elle devient plus forte, plus brûlante, plus vive
Je suffoque tant que je vois des points noirs
On s'approche de moi par derrière
Et
Au moment où j'ouvre la bouche pour hurler
Je me réveille dans ma chambre
Dans mon lit
En sursaut
Le cri s'étrangle dans ma gorge
Je suis incapable de crier
Paralysée par la peur

Cascade de souvenirs

J'ai coupé mes longues tresses
Qui tombaient jusqu'à ma taille
La veille de mes dix-huit ans

Lorsque j'étais petite
Je rêvais d'avoir des cheveux longs
Que je pourrais tresser, brosser
Décorer à ma guise

Des cheveux longs et soyeux
C'était tout ce que je voulais
Mais je n'avais jamais le droit
De faire ce que je désirais

Debout devant le miroir
Ma main tremble
Si fort
Les ciseaux que je tiens tremblent aussi

Après que je me suis enfuie
J'ai compris que les cheveux courts

N'étaient qu'une façon de me forcer
À être docile, à ne jamais les contredire

Alors j'ai laissé mes cheveux pousser
Pendant des années et des années
Pour montrer
(À qui? Je ne saurais le dire)
Que j'avais désormais le contrôle

Ma chevelure s'allonge
Et s'alourdit aussi
De plus en plus
Elle devient un fardeau

Un fardeau que je porte chaque jour
Aussi lourd que le poids de mes souvenirs

Pour prouver que je suis libre
Je prends mes propres décisions
Je fais ce que je peux
Ils n'ont aucun pouvoir sur moi

Du moins
C'est ce que je me suis dit
Je me suis dit que c'est toujours ce que j'ai voulu
C'est ce que j'ai choisi

À vrai dire je ne sais plus si
Ce que je fais est vraiment ce que je veux

Est-ce vraiment la liberté
si je me force à conformer
aux dualités que l'oppresseur a dictées?

Maintenant je suis devant le miroir
Les ciseaux brandis dans le vide
Pas de retour en arrière

Inspire, expire
Je ferme les yeux et j'entends
Le bruit des ciseaux qui tranchent les tresses
Et les mèches qui tombent au sol

Mes cheveux sont beaucoup plus courts
Mais plus longs que lorsque j'étais sous leur
emprise
Je souris et ne sens pas mes larmes couler
Jusqu'à ce que j'aperçoive mes yeux rougis dans
le miroir

C'est mon premier geste
De liberté
Pour me débarrasser de l'ombre qui me suit
Mes choix ne seront plus contraints
Par ceux qui m'ont fait du mal

J'ai fait un don de mes cheveux
Ils feront une jolie perruque

Pour une petite fille qui rêve peut-être
Elle aussi
De longs cheveux soyeux

Je veux

Moi aussi, je veux être comme les autres
Moi aussi
Moi aussi

Danser avec mes amis jusque tard dans la nuit
Hurler des bêtises en haut de la montagne
Chanter avec mes cheveux qui flottent au vent

Moi aussi, je veux

Passer une nuit magique avec mon amour
Goûter à la vie sur sa langue, l'extase dans ses
bras
Oublier mes peurs, mes angoisses, mes soucis

Je veux

Teindre mes cheveux en mille et une couleurs
flamboyantes
Regarder les étoiles qui constellent le ciel de la
campagne
Rouler dans une pile de feuilles rougies par le
vent

Mais ce n'est pas tout

Je veux aussi

Descendre une pente vertigineuse à vélo
Me délecter du goût des fraises sur ma langue
Me réjouir de la première neige de novembre

Je pense que ce que je veux vraiment
C'est de vivre
Vivre pleinement
Vivre libre
Heureuse et épanouie

Rien pour me retenir en arrière, rien qui
m'empêche d'avancer

Vivre
Je veux vivre

Moi aussi je veux vivre la beauté de la vie
paraît-il qu'on peut vivre sans se préoccuper du
destin des peuples du monde est-ce vrai? Moi
aussi je veux dormir d'un sommeil paisible sans
être hantée par mes démons moi aussi je veux
passer une journée sans ressentir l'envie d'ouvrir
ma peau moi aussi je veux penser à l'avenir avec
impatience moi aussi je veux vivre sans vouloir
mourir

Il paraît que la vie est belle

Moi aussi
Je veux la vivre

Confusion

Parfois je crois que je réfléchis trop
Les pensées bouillonnant constamment dans ma
tête sous ma façade sereine
Sans dessus dessous, s'entrechoquent et
s'entremêlent
Menaçant de me submerger, de m'emporter avec
eux, d'exploser
Les angoisses et les inquiétudes qui me hantent
jour et nuit
Me poursuivent, me tourmentent, me font
dériver et tourner en rond
Mille voix me chuchotent à l'oreille
Il faudrait que je me dédouble pour me
préoccuper de toutes ces craintes
Lorsque je m'isole pour tenter de tirer tout cela
au clair
on dirait que je suis encore plus perdue en
moi-même
on dirait que je suis une botte de laine tellement
nouée qu'il est impossible de la démêler

Déraison

Quand je pleure seule la nuit
Je pense à toi
Quand je me couvre la bouche pour hurler sans
bruit
C'est à cause de toi
J'ai fui à l'autre bout du monde pour me
reconstruire
Mais tes griffes acérées arrivent sans peine à me
retenir

Impitoyable est le jugement du destin
Suppliante est la condamnée qui voit sa fin
Agonisante est chaque seconde passée
À purger ma peine pleinement méritée

Du moins c'est ce que je me répète sans cesse
car si ce n'est pas mérité ça veut que tu as eu tort
de me traiter comme cela et tu n'as jamais tort.

Si je ne suis jamais en sécurité chez moi
Si je me couvre bien avant qu'il fasse froid
Si la nuit je me réveille, saisie d'effroi
C'est parce que j'ai encore pensé à toi

Fraîcheur d'automne, tourbillon de couleurs
vives
Filtre gris devant mes yeux, toujours sur le
qui-vive
Fléchir en permanence quand les autres parlent
trop fort
Dès qu'on lève la main vers moi, je ne suis plus
dans mon corps

En même temps j'avais six ans je ne pouvais pas
me rebeller même si je l'avais voulu mais l'ai-je
voulu? Je ne sais pas s'il reste de l'espoir pour
que je me rebâtisse un jour alors j'essaie de
m'agripper à chaque indice insignifiant pour
prouver que je ne suis pas un cas perdu.

Rage liquéfiée qui me bat aux tempes,
m'étourdit
La Terre tourne si vite et je demeure anéantie
Lumière au bout du tunnel, ma voie s'éclaircit
Mais je refuse d'avancer, je ne sortirai pas d'ici

C'est fini pour moi je ne peux plus entretenir le
mensonge alors que je sais que l'espoir fait
souffrir encore plus quand l'illusion s'écroule. Je
sais que je ne gagnerai jamais de toute façon
alors pourquoi m'entêter à poursuivre un combat
perdant?

Un jour heureux

-- À Mulan, l'amour de ma vie

Odeur sublime des pâtisseries me remplit de joie
Goût riche du café m'enveloppe dans ses bras
Larmes d'émerveillement aux yeux, sourire sous
mon masque bleu
Jamais je n'avais su que le plaisir se construisait
avec si peu

Doux chaton assoupi, endormi sur mon lit
Elle ronronne quand j'effleure son pelage gris
Paisible créature qui m'a accordé son amitié
Je me résous de mériter sa confiance illimitée

Parfois, après des journées belles comme cela
Je ne pense plus à toi, ou la pensée ne m'effraie
pas
Je me dis que vivre pourrait valoir la peine
Aussi
Pour moi

Dire non

Je dis oui
Toujours oui
Bien sûr
J'adorerais
Ça me fait plaisir
Si les autres sont contents
Je suis contente aussi

Je suis sûre que mon oui serait sincère
Si je pouvais aussi dire non

Je ne suis pas capable de dire non
J'ai peur des disputes et j'ai peur que les gens se
fâchent
Je ne veux pas que les gens soient fâchés contre
moi
Alors je ne sais pas dire non

Peux-tu m'aider? Bien sûr que si
Est-ce que tu peux le faire? Sans faute
Ça ne te dérange pas? Pas du tout
Es-tu sûre que ça va? Ne t'en fais pas

Je ne sais pas dire non

L'homme dans le métro agrippe mes seins et je
ne dis pas non
Les enfants à l'école volent mon dîner et je ne
dis pas non
C'est de ma faute
J'aurais dû dire non

J'ai toujours dit oui à tout le monde
Mais à partir de maintenant
Je dirai non
Juste non

Cassandra

Dénoncer
Après une décennie de silence
Parler
Après un mutisme prolongé

Désormais j'ai finalement le courage
D'élever ma voix
Crier les injustices sur les toits

Je n'osais jamais dire la vérité
Qui t'a fait ça?
Personne
Pourquoi tu pleures?
Je ne pleure pas

Et maintenant je ne peux plus me taire
Arrête de me dire quoi faire
Lâche-moi tout de suite

Mais la malédiction d'être une fille aux yeux
bridés
Est que personne ne m'écoute même quand je
parle

Alors parfois je me demande si ça vaut encore la
peine de parler
Si je ne vais pas être écoutée
Je hurle
Mais personne ne m'entend
Et si on m'entend
On ne m'écoute pas

Cassandra réincarnée
Mes tristes prédictions, à force d'être ignorées,
deviennent lentement réalité

Quand la catastrophe frappe
Quand le monde s'effondre
Quand le ciel s'écroule

Je vous l'avais dit

Automne

25

La brise fraîche aux petites heures du matin
Texture douce de la laine de mon foulard
Pluie légère qui constellent mes lunettes
Tourbillon de feuilles rougies par le froid
La pleine lune qui illumine le ciel sombre
Entre la chaleur caniculaire et l'hiver enneigé
Purgatoire d'une beauté fatale, inouïe

Imposteur

Qui es-tu
Étrangère que je vois dans le miroir
Souriante, avenante
Tu me sembles si familière
Mais je ne te reconnais pas
Chaque fois que je vois ta réflexion
C'est une inconnue qui me fixe
Ses yeux sont dénués de gaieté
Ses épaules sont tendues
Sa jupe et son maquillage cachent
La boule de peur dans son estomac
Qui êtes-vous, mademoiselle?
Je ne vous connais pas
Êtes-vous réellement moi?

Imagination

Mots d'une force magique défilent devant mes
yeux
Je les bois avidement, dévore chaque page et
chaque volume
Mondes imaginaires dans lesquels me plonger et
rêver
Un monde sans monstres et sans peur du noir

Un monde où l'héroïne gagne contre les
méchants
Un monde avec de la joie et des amis et des
animaux
Des fêtes et des mariages et des aventures
Sans souffrance, sans violence, sans larmes

Distraction salvatrice de la profondeur des
ténèbres
Sanctuaire de livres me protègent de ma réalité
sombre
Aspirations illusoires d'une fin heureuse
Pour une petite fille qui s'y accroche pour
survivre

Peut-être que je suis naïve ou perdue ou
déraisonnable

Mais aujourd'hui je crois encore aux fin
heureuses
Si j'ai survécu et que je persévère malgré tout
Alors que je pense qu'une fin heureuse m'attend
aussi
Et que je l'ai méritée
Parce que moi aussi, j'ai le droit au bonheur

Cicatrices

Mes pires cicatrices sont celles qu'on ne voit pas
Douleur lancinante enfouie à l'intérieur de moi
Personne ne remarque, personne ne les aperçoit
Pourtant, elles me font souffrir en silence chaque
soir
Si seulement je pouvais les dessiner sur ma peau
Si seulement elles pouvaient me défigurer pour
toujours
Alors les gens verraient que je ne suis pas
L'image de la fille parfaite qu'ils veulent que je
sois
Comment verbaliser les cauchemars que
personne ne voit?

Poupée chinoise en porcelaine

Poupée chinoise en porcelaine
Assise, muette, sur l'étagère
Sourire timide, posture sereine
Passible, docile, sait se taire

Visage lourdement fardé de blanc
Cheveux noirs agrémentés d'un ruban
Robe longue des chevilles aux poignets
Modestie parfaite, bienséance incarnée

Vous voulez que je sois comme elle mais je ne le
suis pas
Je parle fort, je suis têtue, je ne tolère pas qu'on
profite de moi
Ma jupe et mon décolleté se moquent des
apparences
Je ris à gorge déployée malgré vos remontrances

Je ne suis pas une poupée, je ne suis pas une
marionnette

Je n'ai pas besoin d'une réputation immaculée
surfaite
J'ai le droit de faire ce qui est juste et ce qui me
plaît
De dire non et arrête et tu m'as coupée pendant
que je parlais

Je n'ai pas peur de déranger, alors rangez vos
mine scandalisées
Je suis une personne entière et pas juste une
future mariée
Je dis non au patriarcat et non aux attentes
démesurées
Je suis ici de mon propre chef et j'ai l'intention
d'en profiter

Enflammée

Antidote magique, viens dissiper ma nostalgie
Envoie-moi un bel arc-en ciel après la pluie
Vide immense à la place du cœur m'aspire vers
le néant
Je parle aux gens, je souris, je ris et pourtant
Je ne suis plus qu'une ombre de moi depuis
longtemps

La flamme de ma rancoeur, autrefois brûlante,
s'est éteinte
Pour laisser place à une indifférence à peine
feinte
Je vois le monde bouger et regarde les jours
défiler
Je dois me fais violence pour ne pas tout
saccager

J'allume un feu et le nourris avec les morceaux
de mon âme
Je me déchire petit à petit et me vide pour verser
mes larmes
Sur l'autel qui dévore mon être pour raviver les
flammes
Colère d'enfer me suffoque et te fait porter le
blâme

Ma destruction ne sera pas vaine pour satisfaire
ce que ma rage réclame

À la fin, tu brûleras.
Et s'il le faut, je brûlerai aussi.

Épilogue

Tu m'as fait mal au plus profond de moi
Tu m'as brisée en miettes et tu as ri pendant que
j'étais à genoux pour ramasser les morceaux de
moi
J'ai couru, je me suis battue, mais je ne parviens
pas à me défaire de toi
J'ai prié, j'ai supplié, mais tu ne te lasses jamais
de moi

Autrefois je t'ai adoré
Ensuite je t'ai haï
Je t'ai tellement détesté
Que je ne savais plus ce que je suis

Aujourd'hui je fais la paix
Pas avec toi, mais avec moi
J'étais une enfant, je t'ai fait confiance
Tu m'as anéantie avec tes coups et ta violence
Ce n'est pas de ma faute si tu as profité de mon
innocence

J'apprends à bâtir une vie heureuse et épanouie
Je grandis, je mûris et efface ton ombre petit à
petit

Je sais qu'il arrivera un jour où ton emprise
disparait
Le chemin que je choisis émergera du brouillard
épais

Mon plus grand désir était de te détruire avec
moi
Mais aujourd'hui je ne me détruirai pas
Si tu meurs, je ne mourrai pas avec toi
Même si cela veut dire je me souviendrai
toujours de toi

Peut-être que tu ne disparaitras pas de ma
mémoire
Peut-être ton souvenir me hantera parfois dans le
noir
Peut-être que je verserai encore des larmes sans
le vouloir
Mais je ne craindrai plus jamais l'emprise de ton
pouvoir

Je me pardonne mais je ne te pardonne pas
Je ferai tout pour te détruire quand ce jour
viendra
Mais entretemps, je vivrai ma fin paisible
malgré toi
Ma haine envers toi ne dépassera jamais mon
amour envers moi

Le vent souffle et les vagues de la mer dansent
Survivre et vivre heureuse feront ma douce
vengeance

www.ingramcontent.com/pod-product-compliance
Lightning Source LLC
LaVergne TN
LVHW010921200726

843509LV00013B/2013